분류

# 앗, 내 단추!

옷에서 단추 2개가 떨어졌어요. 옷에 달린 단추의 모양, 색깔,
크기를 잘 보고, 아래에서 떨어진 단추들을 찾아 ○ 해 보세요.

# 요리조리 블록 놀이

블록 조각들을 요리조리 맞춰 보아요. 〈보기〉의 블록 6조각을
모두 사용하여 만든 모양을 오른쪽에서 찾아 ○ 해 보세요.

**도형·공간**

# 커다란 유리병

유리병에 사탕이 가득 들어 있어요. 각각 몇 개씩 들어 있는지
세어 보고, 크기가 큰 병부터 순서대로 빈칸에 번호를 써 보세요.

# 나비의 한살이

동글동글한 알이 나비로 자라는 과정을 스케치북에 그렸어요.
아래 그림을 잘 보고, 빈칸에 순서대로 번호를 써 보세요.

# 맛있는 간식

달콤하고 맛있는 간식이 많이 있어요. 왼쪽에 있는 수만큼씩
간식을 묶어서 세어 보고, 빈칸에 알맞은 수를 써 보세요.

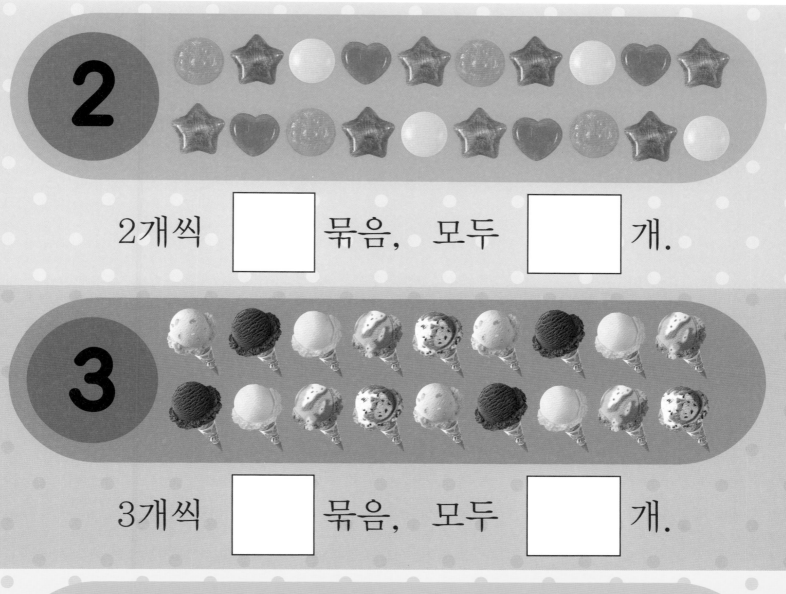

2개씩 ☐ 묶음, 모두 ☐ 개.

3개씩 ☐ 묶음, 모두 ☐ 개.

5개씩 ☐ 묶음, 모두 ☐ 개.

5

# 대롱대롱 색깔 깃발

운동장에 색깔 깃발이 줄줄이 달려 있어요. 각 줄마다 깃발의
색깔 순서를 잘 보고, 빈 곳을 알맞은 색으로 칠해 보세요.

규칙

# 색종이를 싹둑싹둑

동물들이 색종이를 오렸어요. 아래에서 파란색이고 네모 모양이며,
크기가 똑같은 것을 2개 찾아서 빈칸에 번호를 써 보세요.

분류

# 재미있는 블록 놀이

블록을 맞춰 여러 가지 모양을 만들었어요. 왼쪽의 모양을 만드는
데에 필요 없는 블록을 오른쪽에서 모두 골라 ◯ 해 보세요.

도형·공간

# 시원한 오렌지 주스

돼지들이 주스를 컵에 따라서 마실 거예요. 병에 있는 주스의
양을 비교해 보고, 알맞은 크기의 컵을 찾아 선을 그어 보세요.

비교

# 재깍재깍 시계

시계는 시간을 재거나 시각을 나타내는 편리한 물건이에요.
아래에서 여러 가지 시계를 모두 찾아 ○ 해 보세요.

# 알록달록 블록

여러 가지 블록들이 10개씩 줄지어 놓여 있어요. 각 블록들을
10개씩 묶어서 세어 보고, 모두 몇 개인지 빈칸에 써 보세요.

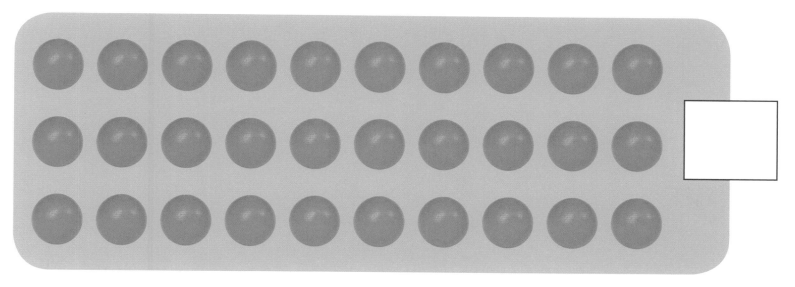

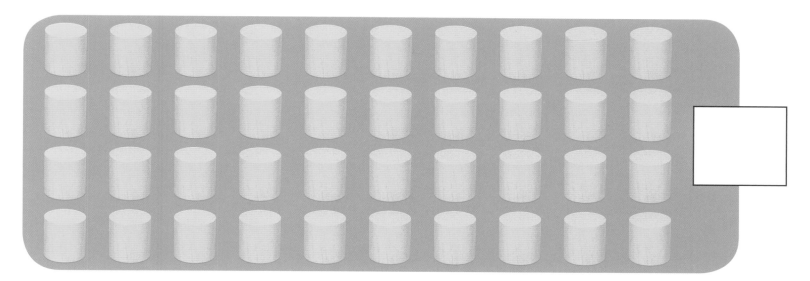

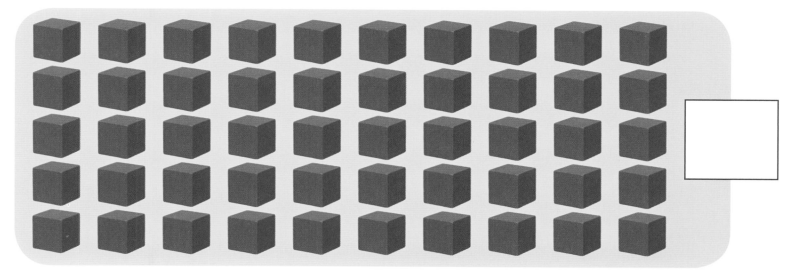

# 차례차례 꼬치구이

요리사가 맛있는 꼬치구이를 만들어요. 〈보기〉의 꼬치 순서를 잘
보고, 아래에서 똑같은 순서로 꽂혀 있는 것을 골라 ○ 해 보세요.

규칙

# 멋쟁이 옷 가게

옷 가게에 예쁜 치마가 많이 있어요. 손님이 찾는 치마의 색깔과
무늬를 잘 보고, 옷걸이에서 똑같은 것을 찾아 ○ 해 보세요.

분류

# 조각조각 탱그램

탱그램 조각으로 동물을 만들었어요. 동물 모양 중에서 색깔이
없는 조각을 〈보기〉에서 찾아 각각 같은 색으로 칠해 보세요.

도형·공간

14

# 길고 짧은 호스

삐뽀삐뽀, 불이 났어요. 동그랗게 말려 있는 호스를 풀었을 때
길이가 가장 긴 것부터 순서대로 빈칸에 번호를 써 보세요.

# 멋진 뻐꾸기시계

우리 집 시계에는 1부터 12까지 숫자가 차례대로 들어 있어요.
빈칸에 빠진 숫자를 써넣어 시계를 멋지게 완성해 보세요.

# 싱싱한 과일

싱싱한 사과와 레몬이 각각 몇 개씩 있을까요? 과일을 10개씩
묶어서 세어 보고, 빈칸에 알맞은 수를 써 보세요.

수·셈

10개씩 [ ] 묶음, 낱개 [ ] 개, 모두 [ ] 개.

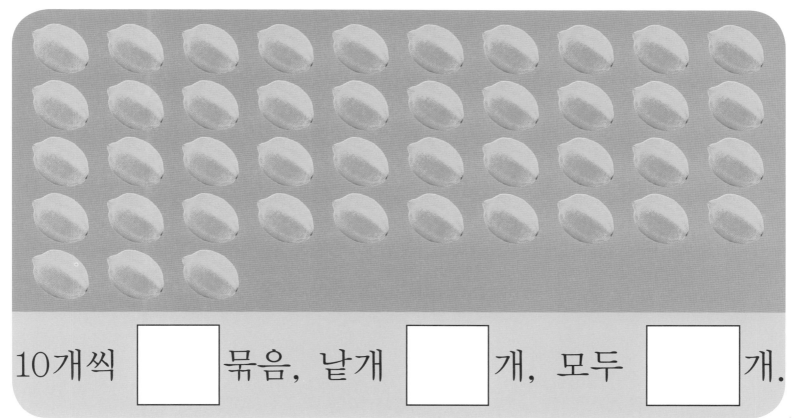

10개씩 [ ] 묶음, 낱개 [ ] 개, 모두 [ ] 개.

# 줄줄이 과자 공장

과자 공장의 기계에서 동물 모양 과자가 일정한 순서대로 나와요.
나오는 순서에 맞게 빈 곳에 알맞은 과자 스티커를 붙여 보세요.

# 예쁜 우산 가게

우산 장수가 똑같은 우산끼리 통에 담고 있어요. 우산의 색깔과
무늬, 손잡이 모양을 잘 보고, 똑같은 것끼리 선을 그어 보세요.

분류

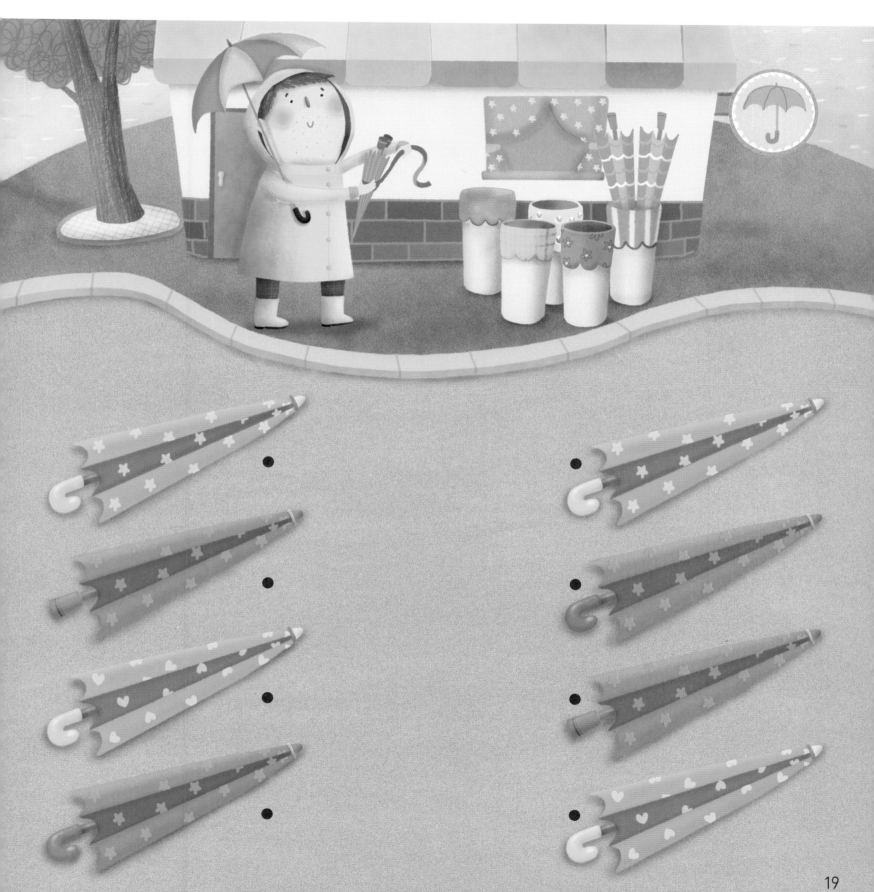

# 쌍둥이 모양 조각

알록달록 모양 색종이를 둘로 똑같이 오리면 어떻게 될까요?

선을 따라 오려 낸 2조각을 오른쪽에서 찾아 ○ 해 보세요.

# 아름다운 리본 체조

친구들이 리본 체조를 하고 있어요. 리본이 꼬여 있는 모습을
잘 보고, 길이가 가장 긴 리본을 가진 친구에게 ○ 해 보세요.

# 숲속의 시계

숲속 마을의 부엉이 박사님이 시계 보는 방법을 알려 주어요.
박사님의 말을 잘 보고, 빈칸에 알맞은 시각을 각각 써 보세요.

시간

시계에는 **짧은바늘**과 **긴바늘**이 있어요.
짧은바늘은 '시'를,
긴바늘은 '분'을 나타내지요.
긴바늘이 12를 가리키면, 짧은바늘이
가리키는 숫자에 '시'를 붙여 읽어요.
그러니까 지금은 '여섯 시'예요.

시계

시

# 내가 좋아하는 과일

맛있는 과일들이 많이 있어요. 왼쪽과 오른쪽의 과일 개수를
세어서 빈칸에 각각 써 보고, 더 많은 쪽의 과일에 ○ 해 보세요.

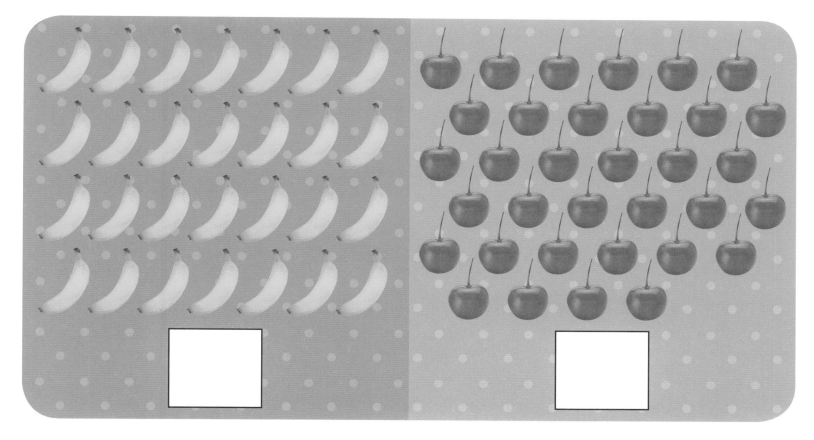

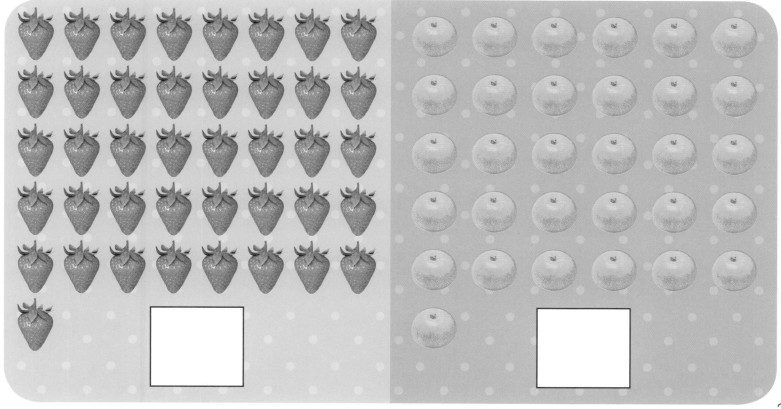

23

# 새콤달콤 과일 미로

엄마 토끼가 아기들에게 줄 과일을 모았어요. 〈보기〉의 과일
순서대로 길을 따라가서 아기 토끼들에게 도착해 보세요.

규칙

24

# 뚝딱! 도깨비 방망이

도깨비 방망이에서 '펑!' 하고 물건들이 나왔어요. 동그랗고
가운데 구멍이 있으며, 물에 뜨는 물건을 골라 ○ 해 보세요.

분류

# 거울 놀이

원숭이와 토끼가 거울을 보고 있어요. 각각 거울에 어떻게
비쳐 보일지 알맞은 모습을 오른쪽에서 골라 ○ 해 보세요.

# 꽃밭 가꾸기

꽃밭에 꽃이 각각 몇 송이 있는지 세어서 꽃밭의 크기를 비교해
보세요. 그리고 넓은 꽃밭부터 순서대로 빈칸에 번호를 써 보세요.

# 똑딱똑딱 시계 가게

할아버지의 시계 가게에 여러 가지 시계들이 있어요. 각 시계가 가리키고 있는 시각을 잘 보고, 빈칸에 몇 시인지 써 보세요.

시간

시

시

시

시

# 뒤뚱뒤뚱 펭귄

귀여운 펭귄이 뒤뚱뒤뚱 얼음 위를 걸어가요. 30부터 50까지
숫자 순서대로 점을 잇고, 펭귄을 예쁘게 색칠해 보세요.

수·셈

# 아기 판다의 이불

판다의 이불에는 일정한 순서대로 무늬가 있어요. 무늬의 순서를
잘 보고, 〈보기〉와 같이 빈 곳에 알맞은 무늬를 그려 보세요.

# 와글와글 놀이공원

놀이공원에서 엄마가 두리번두리번 아이를 찾고 있어요. 아이들 중에서 모자를 쓰고, 가방을 멘 여자아이를 찾아 ○ 해 보세요.

분류

# 같은 칸에 착착!

네모 칸 안에 과일과 채소가 들어 있어요. 왼쪽과 똑같아지도록
오른쪽의 빈칸에 과일과 채소 스티커를 각각 붙여 보세요.

도형·공간

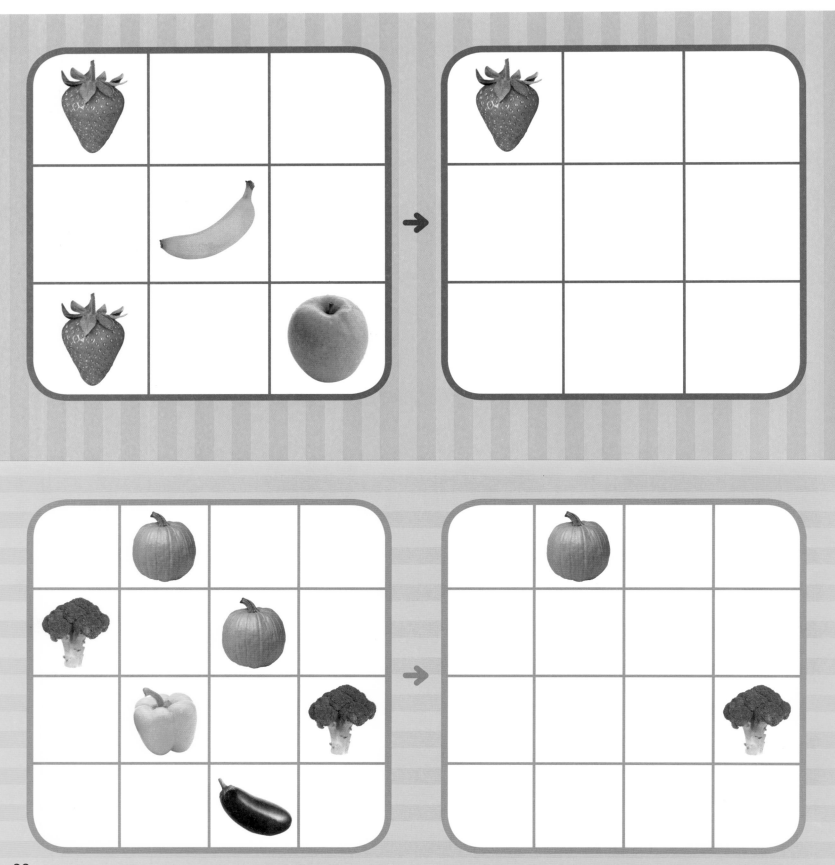

# 크고 작은 종이배

색종이를 접어서 배를 만들었어요. 위에 있는 색종이 크기에 맞는
배를 아래에서 찾아서 각각 색종이와 같은 색으로 칠해 보세요.

참 잘했어요

# 시각이 같은 시계

시곗바늘이 없는 전자시계도 있어요. 왼쪽의 시계를 잘 보고,
같은 시각을 나타내는 전자시계를 찾아 선을 그어 보세요.

시간

34

# 올망졸망 꽃과 나비

나비와 꽃의 수를 세어 보세요. 그리고 둘로 똑같이 나누면
각각 몇씩이 될지 빈칸에 알맞은 수를 써 보세요.

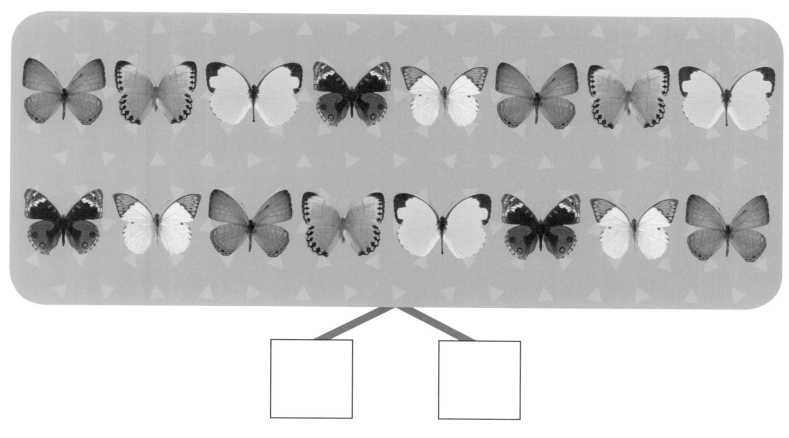

# 숫자 카드 놀이

동물들이 줄마다 숫자 카드를 일정한 순서대로 늘어놓았어요.
숫자의 순서를 잘 보고, 빈 카드에 각각 알맞은 숫자를 써 보세요.

# 또각또각 신발 가게

신발 가게의 진열장에 똑같은 신발끼리 정리해요. 각 층의
신발을 잘 보고, 빈 곳에 알맞은 신발 스티커를 붙여 보세요.

분류

# 숲속의 아파트

동물들이 자기의 집을 소개해요. 동물들의 말을 잘 듣고, 원숭이네 창문은 노란색으로, 다람쥐네 창문은 파란색으로 칠해 보세요.

왼쪽

오른쪽

왼쪽에서 세 번째, 아래에서 두 번째 집이야.

오른쪽에서 두 번째, 위에서 첫 번째 집이야.

비교

# 긴 물건, 짧은 물건

길이가 다른 여러 가지 물건이 있어요. 물건들의 길이를 블록으로
재어 보고, 가장 긴 물건에 ○, 가장 짧은 물건에 △ 해 보세요.

# 상쾌한 아침

그림을 보고, 친구가 아침에 일어나서 한 일을 이야기해 보세요.
그리고 각각의 시계를 보고, 시간 순서대로 번호를 써 보세요.

시간

# 소중한 내 물건

내 방에 있는 물건들이에요. 사진을 보고, 각각의 물건이 모두
몇 개인지 덧셈을 하여 빈칸에 알맞은 수를 써 보세요.

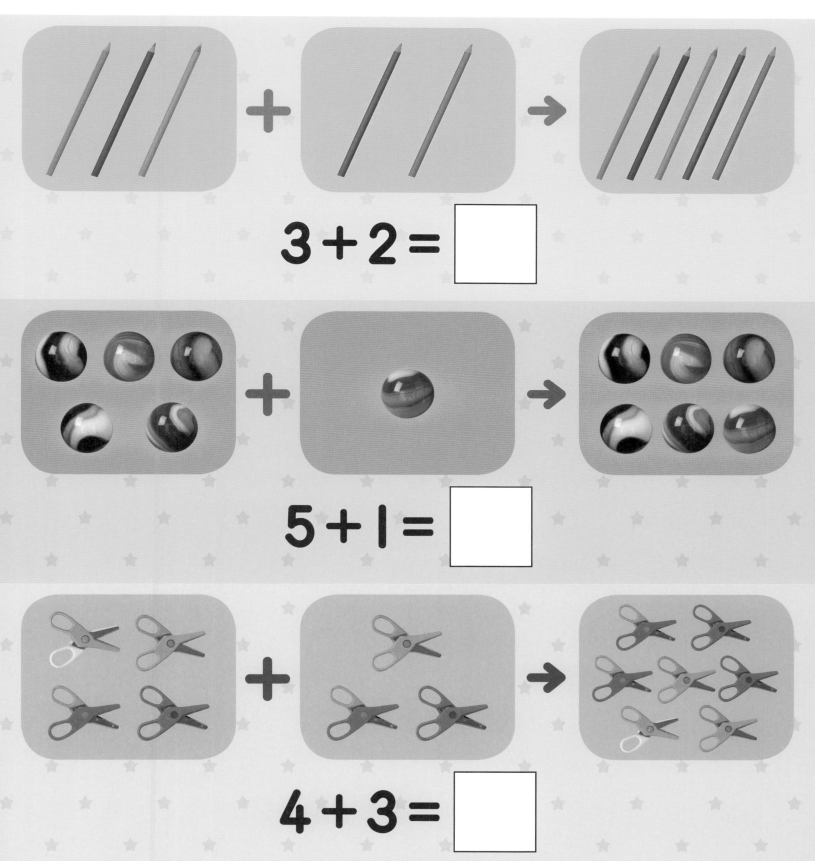

$3 + 2 = \boxed{\phantom{0}}$

$5 + 1 = \boxed{\phantom{0}}$

$4 + 3 = \boxed{\phantom{0}}$

# 장난감을 나란히!

장난감을 나란히 늘어놓았어요. 장난감이 일정한 순서대로 놓일
수 있도록 잘못된 곳에 알맞은 장난감 스티커를 붙여 보세요.

# 씽씽 쌩쌩 장난감

친구가 장난감을 찾고 있어요. 친구가 생각하는 것을 잘 보고,
아래 장난감 중에서 알맞은 것을 1개만 골라 ○ 해 보세요.

분류

바퀴

하늘

날개

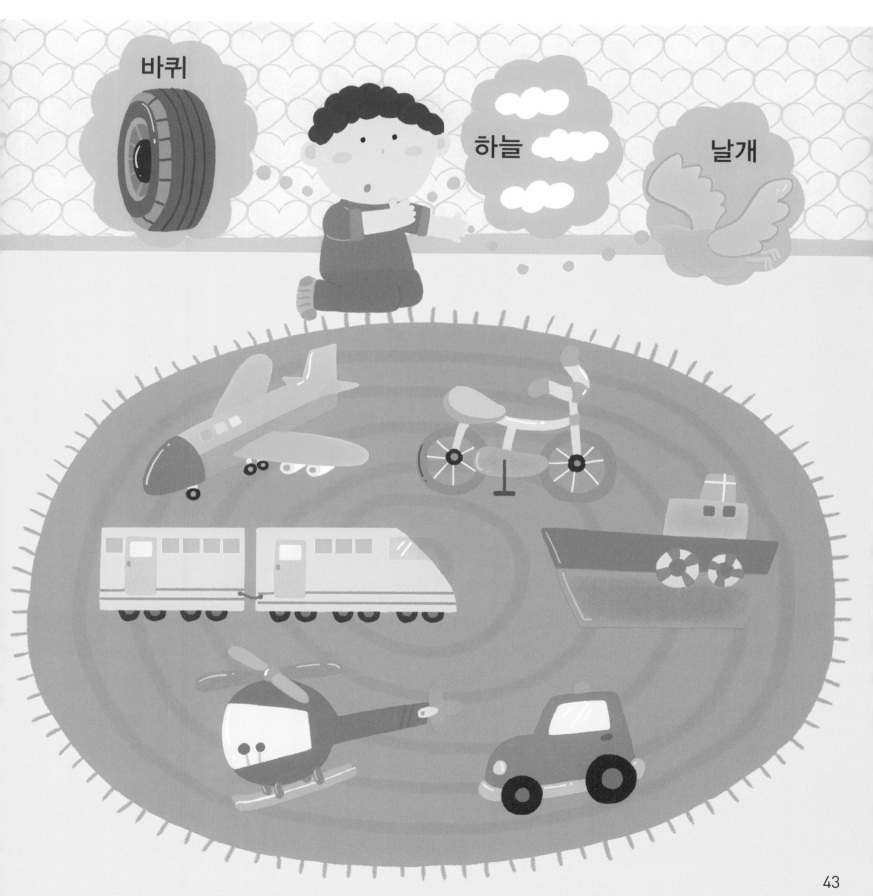

43

# 네모 칸 색칠 놀이

네모난 칸을 색칠해서 마음대로 모양을 만들었어요. 왼쪽과
똑같은 모양이 되도록 오른쪽의 빈칸을 색칠해 보세요.

비교

# 거인의 채소

난쟁이들이 거인의 식탁에 있는 채소의 길이를 재요. 쌓아 놓은
블록의 개수를 세어 보고, 가장 긴 채소에 ○ 해 보세요.

# 꽃 나라 시계

<보기>에서 시계 보는 법을 알아보세요. 그리고 커다란 꽃시계가
9시 30분을 가리키도록 알맞은 곳에 긴바늘을 그려 보세요.

시간

보기

긴바늘이 숫자 6을 가리키고 있으면
'30분'이라고 읽어요.
지금은 짧은바늘이 숫자 2와 3 사이에
있으니 '2시 30분'이에요.

9시 30분

# 즐거운 간식 시간

친구들과 함께 맛있는 간식을 나눠 먹었어요. 각각의 간식을
먹은 개수만큼 뺄셈을 하여 빈칸에 알맞은 수를 써 보세요.

수·셈

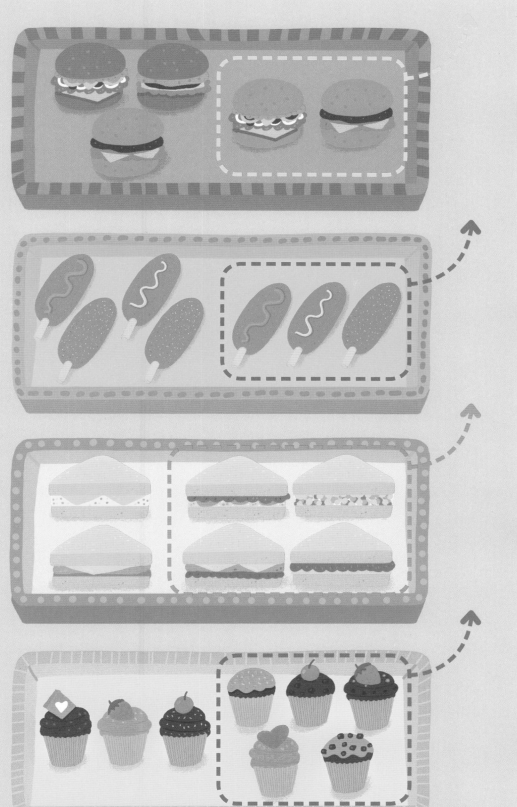

$5 - 2 =$ ☐

$7 - 3 =$ ☐

$6 - 4 =$ ☐

$8 - 5 =$ ☐

# 향긋한 꽃마차

귀여운 토끼가 예쁜 꽃마차를 타러 가요. 〈보기〉의 순서대로
향긋한 꽃길을 따라가서 꽃마차에 도착해 보세요.

분류

# 달콤한 케이크

케이크 가게에 꼬마 손님이 찾아왔어요. 손님의 말을 잘 듣고,
찾고 있는 케이크를 진열대에서 모두 골라 ○ 해 보세요.

49

# 먹이를 찾아서!

개미들이 꽃밭을 이리저리 지나 먹이를 찾아가요. 왼쪽과 똑같은
방법으로 꽃밭을 지나가도록 오른쪽에 선을 그어 보세요.

# 들쑥날쑥 키 재기

친구들 키가 얼마만큼 큰지 벽돌의 수를 세어서 빈칸에 써 보세요.
그리고 가장 큰 친구에게 ○, 가장 작은 친구에게 △ 해 보세요.

비교

# 알쏭달쏭 시계 나라

시계 나라의 동물들이 저마다 시각을 가리키고 있어요. 오른쪽에서
같은 시각을 가리키는 시계를 찾아 각각 선을 그어 보세요.

시간

**7**시 **30**분

**2**시 **30**분

**9**시 **30**분

**12**시 **30**분

# 와르르 동전

커다란 지갑에서 동전들이 와르르 쏟아졌어요. 동전의 앞모습을
잘 보고, 알맞은 뒷모습을 찾아 선을 그어 보세요.

수·셈

참 잘했어요

# 모두 함께 냠냠!

친구들이 식탁에 모여 앉았어요. 음식들이 놓여 있는 순서를
잘 보고, 빈 곳에 알맞은 음식 스티커를 붙여 보세요.

규칙

54

# 알쏭달쏭 동물 찾기

멋진 동물들이 한자리에 모였어요. 사진을 잘 보고, 각각의
글에 해당되는 동물들을 모두 찾아 빈칸에 번호를 써 보세요.

분류

| | |
|---|---|
| 다리가 4개예요. | |
| 다리가 4개이고, 풀을 먹어요. | |
| 다리가 4개이고, 풀을 먹으며, 목이 길쭉해요. | |
| 다리가 4개이고, 풀을 먹으며, 목이 길쭉하고, 하양 깜장 줄무늬가 있어요. | |

55

# 차곡차곡 옷 정리

아기 돼지가 엄마를 도와 서랍에 옷을 정리해요. 엄마의 말을
잘 듣고, 알맞은 서랍에 옷 스티커를 붙여 보세요.

도형·공간

아래에서 두 번째 줄, 왼쪽에서 첫 번째 서랍

아래에서 첫 번째 줄, 오른쪽에서 두 번째 서랍

위에서 두 번째 줄, 오른쪽에서 세 번째 서랍

위에서 첫 번째 줄, 왼쪽에서 두 번째 서랍

# 학용품 키 재기

학용품들의 길이는 각각 얼마나 될까요? 늘어놓은 클립의 수를
세어서 빈칸에 쓰고, 길이가 가장 긴 물건에 ○ 해 보세요.

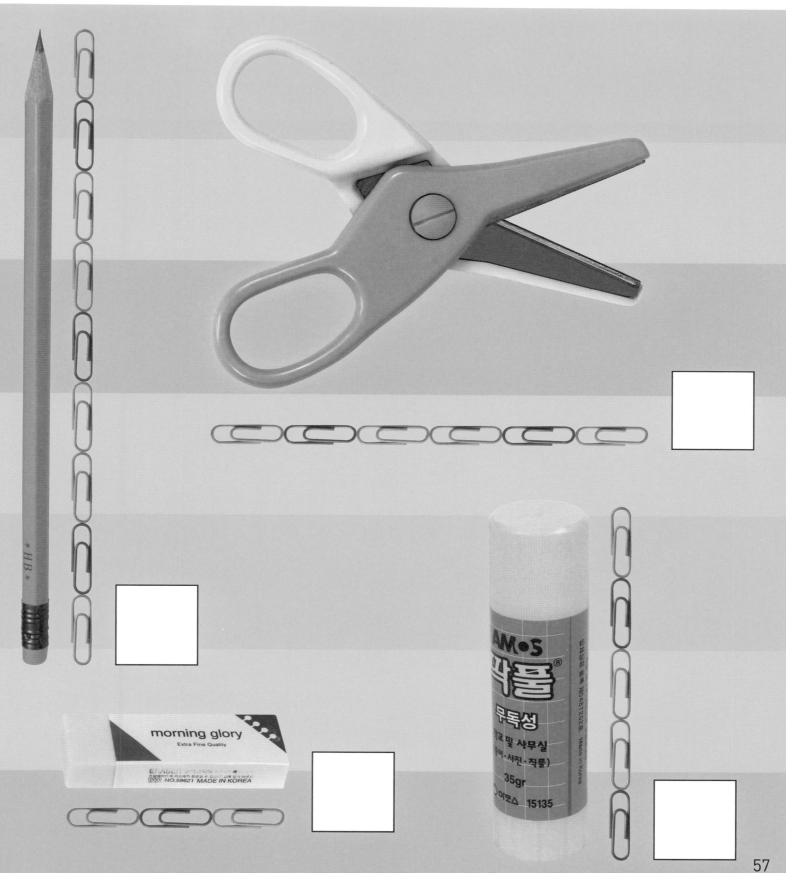

# 즐거운 생일날

동물들이 각자 자기의 생일을 이야기하고 있어요. 달력에서
동물들의 생일을 찾아, 그 동물의 얼굴 스티커를 붙여 보세요.

## 1월

| 일 | 월 | 화 | 수 | 목 | 금 | 토 |
|---|---|---|---|---|---|---|
| 1 | 2 | 3 | 4 | 5 | 6 | 7 |
| 8 | 9 | 10 | 11 | 12 | 13 | 14 |
| 15 | 16 | 17 | 18 | 19 | 20 | 21 |
| 22 | 23 | 24 | 25 | 26 | 27 | 28 |
| 29 | 30 | 31 | | | | |

1월 5일

1월 20일

1월 31일

58

# 땅그랑, 돼지 저금통

예쁜 돼지 저금통 안에 땅그랑땅그랑 동전들이 들어 있어요.
각각의 저금통에 얼마가 들어 있는지 빈칸에 써 보세요.

원

원

원

원

# 펄럭펄럭 깃발

자동차 경기장에서 펄럭펄럭 깃발을 흔들어요. 깃발의 무늬가
일정한 순서대로 놓이도록 빈 곳에 알맞은 스티커를 붙여 보세요.

규칙

# 똑같이 그린 그림

점과 점을 이어서 배와 강아지를 그렸어요. 왼쪽과 똑같은
그림이 되도록 오른쪽의 점을 선으로 이어 보세요.

도형·공간

참 잘했어요

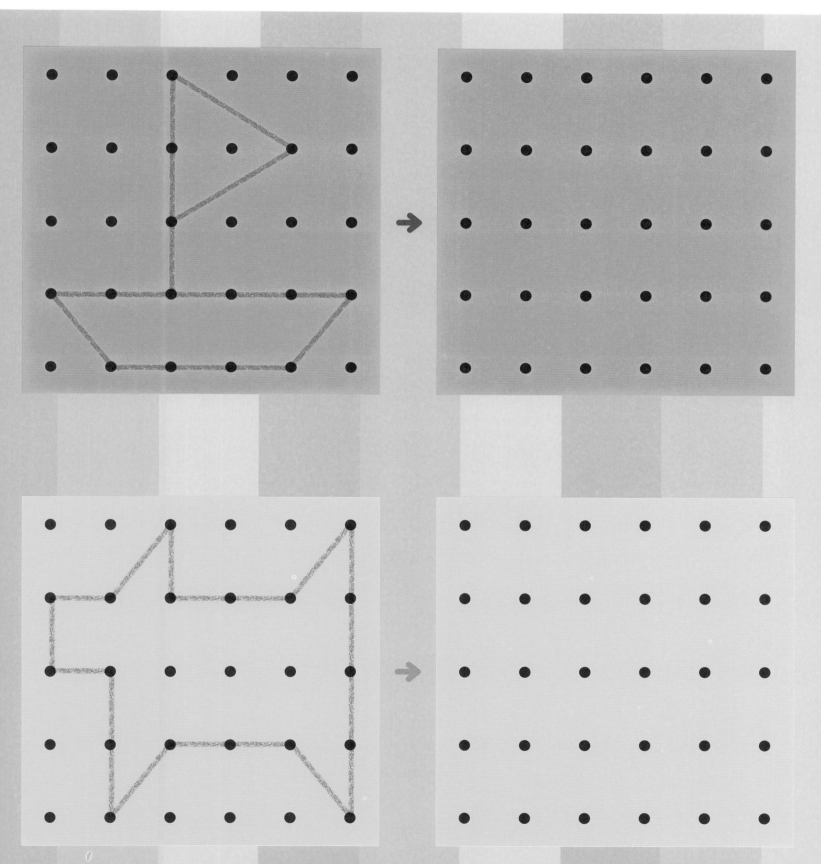

# 어제, 오늘, 내일

달력에서 오늘 날짜를 찾아 동그라미를 했어요. 달력의 날짜를
잘 보고, 어제, 오늘, 내일이 몇 월 며칠인지 각각 써 보세요.

시간

참 잘했어요

## 3월

| 일 | 월 | 화 | 수 | 목 | 금 | 토 |
|---|---|---|---|---|---|---|
|  |  |  |  | 1 | 2 | 3 |
| 4 | 5 | 6 | 7 | 8 | 9 | 10 |
| 11 | 12 | 13 | (14) | 15 | 16 | 17 |
| 18 | 19 | 20 | 21 | 22 | 23 | 24 |
| 25 | 26 | 27 | 28 | 29 | 30 | 31 |

오늘은 ☐ 월 ☐ 일이에요.

어제는 ☐ 월 ☐ 일이에요.

내일은 ☐ 월 ☐ 일이에요.

62

# 수영장 가는 날

친구들과 수영장에 가기로 한 날에 모두 ○로 표시했어요.
달력을 잘 보고, 각각 알맞은 요일을 찾아 빈칸에 써 보세요.

시간

## 8월

| 일 | 월 | 화 | 수 | 목 | 금 | 토 |
|---|---|---|---|---|---|---|
|  |  |  | 1 | 2 | 3 | ④ |
| 5 | 6 | 7 | ⑧ | 9 | 10 | 11 |
| 12 | 13 | 14 | 15 | 16 | 17 | 18 |
| 19 | ⑳ | 21 | 22 | 23 | 24 | 25 |
| 26 | 27 | 28 | 29 | 30 | ㉛ |  |

### 수영장 가는 날

8월 4일 [ ] 요일          8월 8일 [ ] 요일

8월 20일 [ ] 요일          8월 31일 [ ] 요일

# 지갑과 동물 저금통

예쁜 지갑과 동물 저금통이 있어요. 지갑과 저금통에 들어 있는
동전을 세어 보고, 액수가 같은 것끼리 선을 그어 보세요.

참 잘했어요

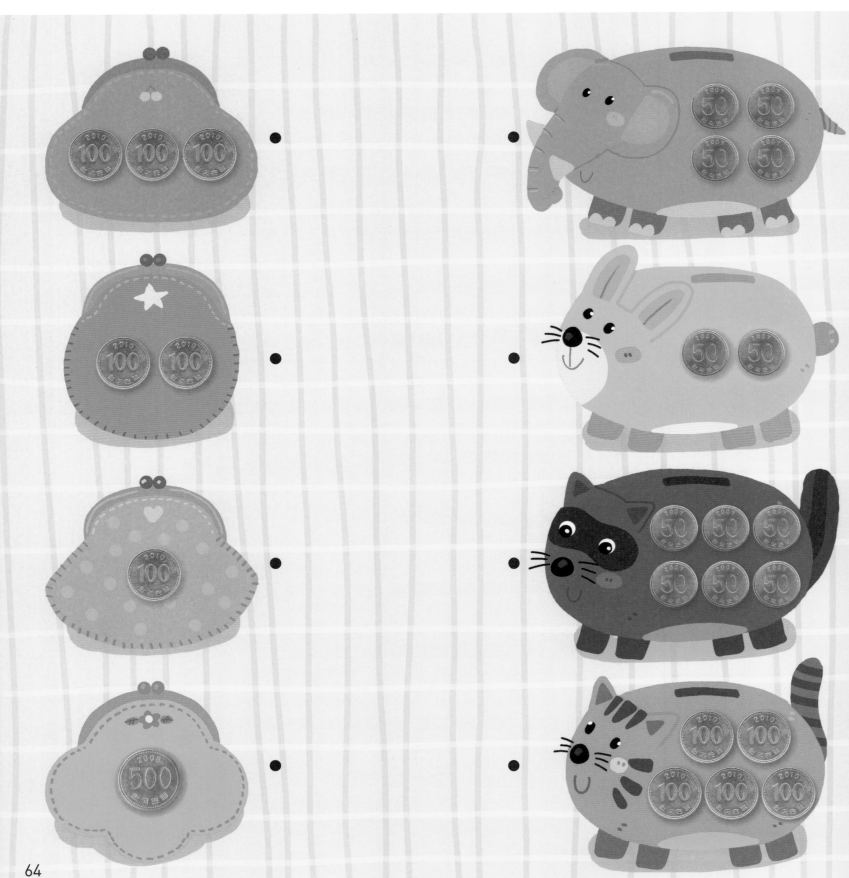

웃음이 빵! 터지는 재미있는 스티커 타임!

# 똥꾸빵꾸 스티커북

200개 이상의 알록달록 생생한 스티커를 마음껏 붙이다 보면
두 눈이 반짝, 두뇌가 쑥쑥! 자꾸자꾸 똑똑해져요.

[기초 탄탄 시리즈] 한글·수·알파벳    [인지 쑥쑥 시리즈] 탈것·동물·첫 낱말    [두뇌 반짝 시리즈] 창의·아이큐·퍼즐
[재미 퐁퐁 시리즈] 공주·마트·요리    [꼬마 박사 시리즈] 명화·공룡·국기

구성: 총 15권 | 쪽수: 각 권 20쪽, 스티커 6장 | 가격: 각 권 6,500원

기탄 유아 학습 프로그램

# 놀이야! 공부야!

〈놀이야! 공부야!〉는 유아의 발달 수준에 맞춰 구성한 연령별 학습 프로그램입니다. 유아의 호기심을 자극하여 놀이하듯 재미있게 한글·수 학습의 기초를 튼튼히 하고, 다양한 활동과 미술 놀이로 IQ, EQ, CQ를 고르게 발달시켜 줍니다.

〈놀이야! 공부야!〉
### 한글·한글쓰기

〈놀이야! 공부야!〉
### 수학·수와 셈

〈놀이야! 공부야!〉
### IQ 두뇌개발·CQ 그리기·EQ 놀이미술

KC
• 제조국 : 한국
• 사용연령 : 36개월 이상
※KC마크는 이 제품이 공통안전기준에 적합하였음을 의미합니다.

⚠ 주의  스티커를 입에 넣고 빨거나 삼키지 마세요.

gitan.co.kr
기탄 인터넷 회원이 되세요
기탄 홈페이지에 무료로 회원 가입을 하시면 발 빠른 교육 정보와 다양한 학습 자료를 무료로 이용하실 수 있으며 최신간 도서를 최저가에 구입하는 특별 혜택을 드립니다.

값 5,500원

64370

9 788979 594393

ISBN 978-89-7959-439-3
ISBN 978-89-7959-427-0(세트)

# 놀이야! 공부야!

동물, 탈것, 과일과 채소, 내 물건 등 친숙한 주제를 통해 다양한 낱말을 익히고,
'가'부터 '하'까지 기본 글자의 모양과 소리를 배우며 한글 학습의 기초를 다져요.

만 **2** 세

# 한글

G 기탄출판

# 이 책에서 배워요

스티커 붙이기, 색칠하기, 선 긋기 등 여러 가지 재미있는 활동을 통해 자연스럽게 글자와 친해지고,
한글 학습에 대한 흥미를 느끼기 시작해요.

• 가로선, 세로선, 직선, 곡선 등 다양한 모양의 선 긋기를 하며 연필과 친해지고, 운필력을 기르며
  쓰기의 기초를 연습해요.
• 동물, 탈것, 색깔과 모양, 과일과 채소, 내 물건 등 친숙한 주제들을 통해 다양한 낱말을 익혀요.
• '가'부터 '하'까지 기본 글자의 모양과 소리를 익히며 자연스럽게 한글 학습의 기초를 다져요.

2024년 11월 5일 14쇄 인쇄 | 2024년 11월 12일 14쇄 펴냄
**구성** 기탄교육연구소 | **그림** 김선경, 신유진
**펴낸이** 안은자 | **기획·편집·디자인** 기탄교육연구소 | **디자인 진행** SALT&PEPPER Communications | **사진 협찬** 금호아시아나, 르노삼성자동차, 세비
**펴낸곳** (주)기탄출판 | **등록** 제2017-000114호 | **주소** 06698 서울특별시 서초구 효령로 40 기탄출판센터 | **전화** (02)586-1007 | **팩스** (02)586-2337 | **홈페이지** www.gitan.co.kr
ISBN 978-89-7959-428-7, 978-89-7959-424-9(세트)

※ 잘못된 책은 구입처에서 교환해 드립니다.
⚠ 책 모서리에 다칠 수 있으니 주의하시기 바랍니다. 부주의로 인한 사고의 경우 책임을 지지 않습니다.